GÜTERSLOHER
VERLAGSHAUS

Margot Käßmann

Gehalten in Zeiten der *Krankheit*

Gütersloher Verlagshaus

Kranksein kann uns wie ein Schock treffen. Eben noch ist alles gut und klar, ich stehe aktiv mitten im Leben mit all seinen Herausforderungen. Und auf einmal bin ich ausgeliefert: den Diagnosen, den Medikamenten, dem, was andere sagen. Mein Leben ist nicht mehr selbstbestimmt. Das muss erst einmal verkraftet werden. Ich brauche eine Atempause, damit meine Seele aufholen kann, was geschieht.

Der biblische Prophet Jesaja gibt uns als Gottes Botschaft weiter: »Ich will euch trösten, wie einen seine Mutter tröstet« (Jesaja 66,13). Eine anrührende Vorstellung: Gott will uns trösten! Genau das brauchen wir in Tagen der Krankheit am meisten: Trost. Mitgefühl. Die Geduld anderer – und die eigene. Eine Hand, die uns hält. Sich in solchen Tagen von Gottes Hand gehalten zu wissen, ist wie ein Fels in der Brandung.

Ein Mensch, der nie Krankheit erlebt hat, weiß wenig von der Verletzbarkeit des Lebens. Krankheit vertieft unsere Wahrnehmung. Sie lehrt uns, dass wir nicht »alles im Griff« haben, dass das Leben noch ganz andere Dimensionen zeigen kann, die wir nicht beherrschen. Kranksein bringt mich an Grenzen. Die Grenze der Kraft, der Handlungsfähigkeit, auch des Lebens. Wer aber sieht, wie begrenzt das Leben ist, wird es umso bewusster wahrnehmen.

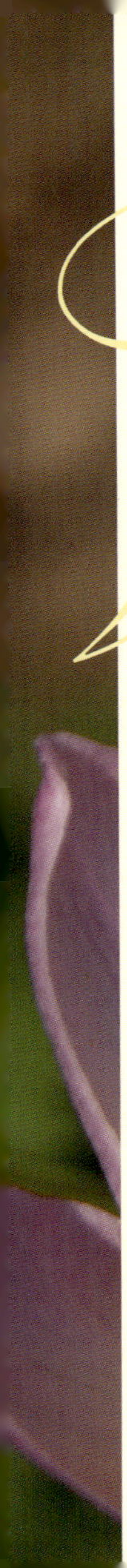

Wenn ich krank war, oder gar im Krankenhaus, war das immer eine Lektion der Demut. In gesunden Tagen vergessen wir allzu leicht, wie wenig wir selbst unser Leben meistern. Wie viel Kraft brauchen Behinderte und Kranke täglich, um die kleinen Dinge des Alltags zu erledigen, die den Gesunden so schnell von der Hand gehen.

Wann wird ein Mensch nur noch über seine Krankheit oder Behinderung definiert? Er ist dann »der Krebskranke«, sie ist »die Depressive«. Alles andere an Charakter, Thema, Engagement, Kompetenz scheint hinter der Krankheit zurückzutreten. Das Defizit wird zur Aussage über den ganzen Menschen. Es ist wichtig, sich dagegen zu wehren. Und Menschen nicht darauf festzulegen.

Wer im Krankenhaus liegt, muss den eigenen Lebensrhythmus dem anderer unterordnen: Wecken und Fiebermessen, Visite und Verbandswechsel, da ist die Selbstbestimmung dahin. Und die Tür ist für andere immer offen, die Privatheit schwindet. Vor allem, wenn ich ein Zimmer teile mit einer oder gar mehreren Personen. Ich bin reduziert auf mein kleines bisschen Ich mit all der Angst und Sorge.

Wer allein zu Hause krank im Bett liegt, kann tiefste Einsamkeit empfinden. Das Gefühl entsteht, dass das Leben vor der Zimmertür weitertobt, wie selbstverständlich, aber ich kann nicht teilnehmen. Kranksein wirft Menschen auf sich selbst zurück. Wer beten kann, vermag die eigenen Fragen zumindest mit Gott zu teilen, sich mitzuteilen.

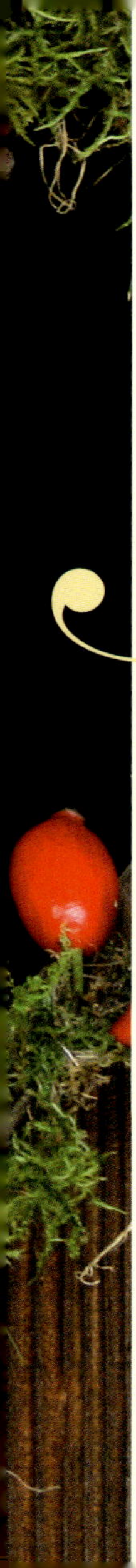

»Ich bin krank gewesen und ihr habt mich besucht«, sagt Jesus im Matthäusevangelium (Matthäus 25,36). Das heißt, wir begegnen Jesus selbst, wann immer wir kranke Menschen besuchen, Zeit finden, um eine Hand zu halten, zuzuhören, eine Geschichte zu teilen. Krankenbesuche sind Teil christlicher Haltung.

Manche Menschen haben Angst davor, Kranke zu besuchen. Ich öffne eine Tür und weiß nicht, wie ich den Menschen vorfinde, den ich liebe, die ich besuche, der mein Nachbar ist. Es gehört auch Mut dazu, einen anderen in so verletzlicher Situation zu sehen, zu erleben, wie er erschöpft im Bett liegt, wie sie auf Kanüle und Katheter angewiesen ist. Aber eine solche Situation schafft auch eine besondere Nähe, die für eine Beziehung sehr kostbar sein kann.

Jeder Mensch hat Angst vor Schmerzen. Es wäre absurd, das zu leugnen. Und niemand muss ständig tapfer und heroisch sein. Tränen zulassen, klagen können, das ist manchmal für die Pflegenden und Besuchenden auch eine Erleichterung, eine Chance, selbst stark zu werden und trösten, halten, ermutigen zu können.

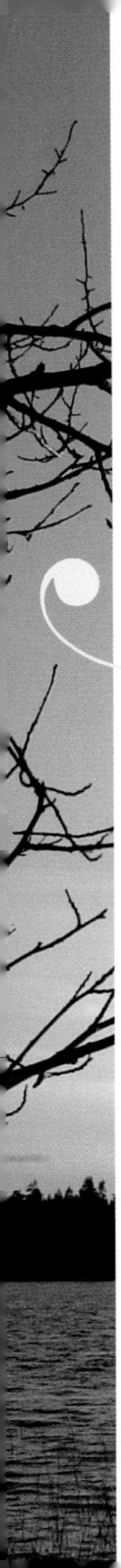

Auf die Hilfe und Unterstützung anderer angewiesen zu sein, ist nicht einfach. Nicht allein zur Toilette gehen zu können, dich nicht allein versorgen zu können, das ist unangenehm, peinlich manchmal, Schamgrenzen werden angetastet. Da gilt es, hinzusehen, dich selbst wahrzunehmen mit deinen Empfindungen und auch zu wagen, dich anderen mitzuteilen in all deiner Schwäche.

Wer krank ist, hat oft das Gefühl, dankbar sein zu müssen. Gegenüber denen, die freiwillig Zeit finden oder die beruflich Kranke versorgen. Keine schöne Ausgangslage für ein entspanntes Miteinander. Ein freundliches Wort, eine liebevolle, zugewandte Geste können da viel bedeuten. Es entlastet Kranke, wenn sie wissen: Ich falle nicht zur Last.

Wenn wir krank sind, gibt es auf einmal neue Zeit, das eigene Leben zu bedenken. Da gibt es kein Ausweichen und kaum Ablenkung. Wie steht es um die Beziehungen, in denen ich lebe? Was will ich eigentlich in meinem Leben, mit meiner so begrenzten Lebenszeit? Eine solche Erfahrung ist kostbar und nicht zu unterschätzen, weil wir im Alltag diese Fragen allzu oft zur Seite drängen.

Jesus sagt einmal zu einer Frau: »Sei frei von deiner Krankheit!« (Lukas 13,12). Er weiß natürlich um die Sehnsucht nach Heilung. Aber hier klingt auch die Freiheit durch, sich nicht von der Krankheit ganz und gar bestimmen zu lassen. Ja, geheilt werden ist das Ziel aller Hoffnung! Aber wenn ich weiß, dass Krebs oder eine HIV-Infektion mein Leben frühzeitig beenden, dass Parkinson oder Multiple Sklerose meine kommenden Jahre einschränken werden, kann ich die innere Freiheit suchen, die mir hilft, mein Leben nicht vollkommen von der Krankheit bestimmen zu lassen.

Wer krank ist, wird in bestimmten Phasen auch verzweifeln. Darf auch dem Zorn über die Krankheit Raum geben. Die Metastasen zu verfluchen, den Tumor zu verachten, die sich verändernden Sehnerven zu beschimpfen, das hat ja auch eine wichtige Funktion. Ich ergebe mich nicht in mein Schicksal, sondern ich begehre auf, wünsche mir ein gesundes Leben, habe den eigenen Willen, gesund zu werden. Und wenn ich nicht gesund werde, weiß ich zumindest, dass ich gekämpft habe.

Bertolt Brecht hat einmal gesagt: »Wer kämpft, kann verlieren. Wer nicht kämpft, hat schon verloren.« Zur Krankheit gehört der Mut zu kämpfen: um selbstbestimmtes Leben, gegen die Verzweiflung, für die Hoffnung. Krankheit und Mut sind wichtige Geschwister. Es kann am Ende auch der Mut sein, das eigene Sterben in den Blick zu nehmen.

»Hauptsache gesund!«, so lauten viele Wünsche zum Geburtstag und bei anderen Gelegenheiten. Aber ist das wirklich die Hauptsache? Wichtiger ist, dass ich in versöhnten Beziehungen leben kann, mich von anderen geliebt weiß und Vertrauen erlebe und erfahre, dass ich gehalten bin von Gott.

Bibliografische Information der Deutschen Nationalbibliothek
Die Deutsche Nationalbibliothek verzeichnet diese Publikation in der Deutschen Nationalbibliografie; detaillierte bibliografische Daten sind im Internet über http://dnb.d-nb.de abrufbar.

Bildnachweis:
Christine Keim: Bild 4, 14
Sandra Radl: Bild 2
Volker Rauch: Bild 3, 7, 8, 16, 18
Willi Rauch: Bild 1, 5, 6, 9, 10, 11, 15, 17, 19
Karl-Heinz Schlierbach: Bild 13
Gabriele Schneider: Bild 12

Die Bibelzitate stammen aus: Lutherbibel, revidierter Text 1984, durchgesehene Ausgabe in neuer Rechtschreibung.

1. Auflage

Umschlagbild: © Stefan Körber – Fotolia.com; Porträtfoto Margot Käßmann: © Monika Lawrenz
Druck und Einband: Těšínská tiskárna, a.s., Český Těšín
Printed in Czech Republic
ISBN 978-3-579-07027-8
www.gtvh.de